PUBLICATION

DE MONSIEUR,

COMTE D'ARTOIS,

FRÈRE DU ROI DE FRANCE,

RELATIVE

A la Proposition faite, en 1803, par *Buonaparte*, à S. M. Louis XVIII, et à tous les Membres de Sa Famille, de renoncer en sa faveur au Trône de France.

DE L'IMPRIMERIE DE A. BELIN.

PARIS,

GOUJON, LIBRAIRE, RUE DU BAC, N°. 33;

H. NICOLLE, A LA LIBRAIRIE STÉRÉOTYPE,

RUE DE SEINE, N°. 12.

M. DCCC. XIV.

PUBLICATION

FAITE PAR

MONSIEUR,

FRÈRE DU ROI DE FRANCE.

MONSIEUR, frère du Roi de France, a pensé qu'il étoit de son devoir de ne pas garder le silence plus long-temps sur un fait important, trop vaguement connu. Les différentes versions qui s'en répandent, les faux bruits qu'un gouvernement usurpateur fait circuler en France, exigent impérieusement que l'opinion du Public, et particulièrement celle des Français, soit éclairée sur la vérité des faits.

C'est ce qui détermine MONSIEUR, dans la conjoncture actuelle, à publier des détails que des circonstances particulières ne lui permettent pas, quelque intéressans qu'ils soient, d'étendre au-delà de ce qui suit.

Le 26 février de cette année, un personnage marquant, puissamment autorisé, s'est présenté chez le Roi de France, à Varsovie, et a fait verbalement à Sa Majesté, dans les termes les plus honnêtes, mais en même temps les plus pressans, et qu'il a crus les plus persuasifs, l'étonnante proposition de renoncer au trône de France, et d'exiger la même renonciation de tous les membres de la Maison de Bourbon : l'envoyé ajouta que pour prix de ce sacrifice, Bonaparte lui assureroit des indemnités, et même une existence brillante. Sa Majesté, fortement animée de ce sentiment que le malheur ne détruit jamais dans les âmes élevées, et qui l'attache autant à ses droits qu'au bonheur de la France, a fait sur-le-champ la réponse suivante, et l'a remise par écrit, le 28, à la personne qui lui étoit envoyée.

RÉPONSE DU ROI.

« JE ne confonds pas M. Bonaparte avec
» ceux qui l'ont précédé ; j'estime sa valeur,
» ses talens militaires ; je lui sais gré de plu-
» sieurs actes d'administration ; car le bien
» qu'on fera à mon peuple, me sera toujours
» cher. Mais il se trompe, s'il croit m'engager
» à transiger sur mes droits ; loin de là, il les
» établiroit lui-même, s'ils pouvoient être liti-
» gieux, par la démarche qu'il fait en ce
» moment.

» J'ignore quels sont les desseins de Dieu sur
» ma race et sur moi ; mais je connois les obli-
» gations qu'il m'a imposées par le rang où il lui
» a plu de me faire naître. Chrétien, je rem-
» plirai ces obligations jusqu'à mon dernier
» soupir ; Fils de St. Louis, je saurai, à son
» exemple, me respecter jusque dans les fers ;
» successeur de François I, je veux du moins
» pouvoir dire comme lui : *Nous avons tout*
» *perdu, fors l'honneur.* »

Au bas de cette réponse est écrit :

« Avec la permission du Roi, mon oncle,
» j'adhère de cœur et d'âme au contenu de cette
» note. »   Signé, *Louis-Antoine.*

Le 2 mars, le Roi écrivit à MONSIEUR ce
qui s'étoit passé, et lui manda d'en faire part
aux Princes de son sang, qui étoient en Angle-
terre, se chargeant lui-même d'en donner con-
noissance à ceux qui n'y sont pas.

Le 23 avril, MONSIEUR a rassemblé les
Princes, qui ont signé avec autant d'empresse-
ment que d'unanimité, l'adhésion suivante à la
réponse du Roi du 28 février.

ADHÉSION DES PRINCES.

« Nous Princes soussignés, frère, neveu et
» cousins de Sa Majesté Louis XVIII, Roi de
» France et de Navarre,

» Pénétrés des mêmes sentimens dont notre
» Souverain Seigneur et Roi se montre si digne-
» ment animé dans sa réponse à la proposition
» qui lui a été faite de renoncer au trône de
» France, et d'exiger de tous les Princes de sa
» Maison une renonciation à leurs droits impres-
» criptibles de succession à ce même trône,
» Déclarons,

» Que notre attachement à nos devoirs, et
» notre honneur, ne pouvant jamais nous per-
» mettre de transiger sur nos droits, nous ad-
» hérons de cœur et d'âme à la réponse de
» notre Roi.

» Qu'à son exemple, nous ne nous prêterons
» jamais à la moindre démarche qui pût nous
» faire manquer à ce que nous devons à nous-
» mêmes, à nos ancêtres, à nos descendans.

» Déclarons enfin, Que positivement
» certains que la grande majorité des Français
» partage intérieurement tous les sentimens qui

» nous animent, c'est au nom de nos loyaux
» compatriotes, comme au nôtre, que nous
» renouvelons devant Dieu, sur notre épée, et
» entre les mains de notre Roi, le serment sacré
» de vivre et de mourir, fidèles à l'honneur, et
» à notre légitime Souverain. »

Wansted House, ce 23 avril 1803.

Signés, *Charles-Philippe de France.*
Charles-Ferdinand d'Artois, duc de Berri.
Louis-Philippe d'Orléans, duc d'Orléans.
Antoine-Philippe d'Orléans, duc de Montpensier.
Louis-Charles d'Orléans, comte de Beaujolais.
Louis-Joseph de Bourbon, prince de Condé.
*Louis-Henri-Joseph de Bourbon-Condé, duc de
Bourbon.*

ADHÉSION DU DUC D'ENGHIÉN.

« SIRE,

» LA lettre datée du deux mars, dont votre
» Majesté a daigné m'honorer, m'est exactement
» parvenue. Votre Majesté connoît trop bien le
» sang qui coule dans mes veines, pour avoir pu
» conserver un instant de doute sur le sens de la
» réponse qu'Elle me demande. Je suis Fran-
» çais, Sire, et Français fidèle à son Dieu, à son
» Roi et à ses sermens d'honneur : bien d'autres
» m'envieront peut-être un jour ce triple avan-

» tage : que Votre Majesté daigne donc me per-
» mettre de joindre ma signature à celle de Mon-
» sieur le Duc d'Angoulême, adhérant comme
» lui, de cœur et d'âme, au contenu de la note
» de mon Roi. C'est dans ces sentimens inva-
» riables que je suis, Sire, de Votre Majesté,
» le très-humble, très-obéissant et très-fidèle sujet
» et serviteur,

Signé, *Louis-Antoine-Henri de Bourbon.*

Ettenheim, pays de M. le Margrave de Baden, le 22 mars 1803.

L'ADHÉSION du Prince de Conti n'est point encore parvenue à MONSIEUR ; mais elle n'est pas douteuse.

MONSIEUR a appris depuis, que le 19 mars, le même Envoyé, en exécution des ordres qu'il en avoit reçus, étoit venu retrouver le Roi : il ne s'agissoit plus du fonds, mais de quelque changement dans la forme de la réponse de Sa Majesté. On paroissoit craindre qu'elle n'irritât l'usurpateur au point de le porter à user de son influence, pour aggraver les malheurs du Roi. S. M. a répondu qu'*Elle ne changeroit rien à sa réponse qui étoit aussi modérée que possible , et que Bonaparte auroit tort de s'en plaindre, puisqu'enfin si Elle l'avoit appelé rebelle et usurpateur, Elle ne lui auroit dit que la vérité.* —Alors, on a fait envisager au Roi des dangers. —*Lesquels ?* a répondu le Roi. *Les malveillans exigeront que l'on me retire l'asile qu'on me donne ? Je plaindrai le Souverain qui se croira forcé de prendre un parti de ce genre, et je m'en irai.* — Oh non ! mais ne seroit-il pas à craindre que M. Bonaparte n'exigeât de certaines puissances d'ôter au Comte de Lille les secours qu'elles lui donnent ?—*Je ne crains pas la pauvreté ; s'il le falloit, je mangerois du pain noir, avec ma famille et mes fidèles serviteurs : mais, ne vous y trompez pas, je n'en serai jamais réduit là ; j'ai une autre ressource, dont je ne crois pas devoir user tant que j'ai des amis puissans, c'est de faire connoître mon état en France, et de tendre la main, non au gouvernement usurpateur, cela, jamais ; mais à mes fidèles sujets ; et, croyez-moi, je serois bientôt plus riche que je ne le suis.*

La conclusion a été que l'Envoyé a remporté, *telle qu'elle étoit,* la réponse du Roi qui lui avoit été renvoyée en original, au cas que S. M. voulût y faire des changemens.

Sujets fidèles, cœurs vraiment Français, connoissez enfin ce Roi, si digne de l'être, et dont un gouvernement usurpateur persiste à vous éloigner !

Nota. Peu de tems après, le Roi étant encore à Varsovie, on tenta de l'empoisonner dans des carottes creusées et remplies d'arsénic. L'année suivante, le Roi étant à Mittau, en Courlande, on mit le feu au château qu'il habitoit, et les anciens gardes-du-corps qui n'avoient jamais quitté Sa Majesté, parvinrent à l'éteindre. Le Roi étant à Dilinguen, en Souabe, à la fenêtre de son palais, on lui tira un coup de pistolet au front dont il porte toujours la marque ; M. le Duc de Grammont, qui étoit auprès de lui, fit un mouvement pour retirer le Roi : *Que faites-vous ?* lui dit-il, *on croira que nous avons peur*.